OBSÈQUES

DE

M. HAVART

AVOCAT,

ANCIEN BATONNIER DE L'ORDRE,

JUGE SUPPLÉANT AU TRIBUNAL CIVIL D'AMIENS,

Les 10 et 11 Janvier 1890.

AMIENS

TYPOGRAPHIE DELATTRE-LENOEL

32, RUE DE LA RÉPUBLIQUE, 32

MDCCCXC

OBSÈQUES

DE

M. HAVART

OBSÈQUES

DE

M. HAVART

AVOCAT,

ANCIEN BATONNIER DE L'ORDRE,

JUGE SUPPLÉANT AU TRIBUNAL CIVIL D'AMIENS,

Les 10 et 11 Janvier 1890.

AMIENS
TYPOGRAPHIE DELATTRE-LENOEL
32, RUE DE LA RÉPUBLIQUE, 32

M DCCC XC

OBSÈQUES

DE

M. HAVART

Le vendredi, 10 janvier 1890, ont eu lieu les obsèques de Me Havart, ancien bâtonnier de l'Ordre, juge suppléant au Tribunal civil d'Amiens.

Dès 8 heures 1/2, une foule nombreuse d'amis et d'invités, venus donner un dernier témoignage de sympathie à leur regretté concitoyen, stationnait devant la demeure du défunt. A 9 heures, la levée du corps a été faite par le clergé de la Cathédrale, le cercueil est recouvert de la robe d'avocat et des toques d'avocat et de juge suppléant au Tribunal civil. Les cordons du poêle étaient tenus par MM. Gustave Dubois, Aubey, Degouy et Caumartin, ses confrères.

Derrière le cercueil, on remarquait, parmi les nombreuses couronnes portées à bras, celle du Tribunal civil avec l'inscription suivante : A Me Havart, *Juge suppléant, le Tribunal civil d'Amiens* et aussi celle offerte par le *Cercle de l'Industrie et des Échecs.*

Derrière ces couronnes s'avance le Barreau d'Amiens en robe, conduit par son bâtonnier Me Prouvost.

Le deuil était conduit par M. Oct. Thorel, ancien avocat, juge au Tribunal civil, ami intime du défunt, qu'accompagnait M. Daussy, premier président de la Cour d'appel d'Amiens. Puis venaient : les membres du Tribunal civil, conduits par leur président, M. Obry; le procureur de la République M. Grenier et ses substituts ; MM. Faton de Favernay, Labouret, Warmez, Tattegrain, Fournier, Durand, conseillers à la Cour ; Van Cassel, avocat général, et Dagoury, substitut ; M. Paillat, adjoint au maire d'Amiens; M. Macque, greffier de la Cour d'appel et M. Devisse, greffier du Tribunal civil ; M. Bailleul, président du Tribunal de commerce, et M. Leroy, juge au Tribunal de commerce ; M. Follet, ancien juge au Tribunal de commerce; M. Brassart, greffier au Tribunal de commerce; MM. les Avoués de première instance ; M. Pinchemel, ancien avoué.

Le colonel de gendarmerie; M. de Rocquemont, président honoraire de la Cour d'appel d'Amiens.

Une délégation du Cercle de l'Industrie; M. Badoureau, ingénieur des mines, etc.

M. le sénateur Dauphin, indisposé, s'était fait excuser de ne pouvoir assister au deuil de son ancien confrère.

Après la présentation à la Cathédrale, le cortège s'est dirigé vers la gare du Nord où, sur le quai d'embarquement, M. Prouvost a prononcé le discours suivant :

DISCOURS

Prononcé par M. PROUVOST.

MES CHERS CONFRÈRES,

Si l'on peut juger du caractère d'un homme par la nature de l'impression que cause sa perte sur ceux qui l'ont entouré, celui que nous conduisons à sa dernière demeure a possédé plus que nul autre les qualités du cœur qui entraînent la sympathie et nouent de ces liens que la mort seule résout, résout, hélas ! en de cruels regrets.

Avant de parler du mérite de notre ancien bâtonnier,

avant de rappeler les travaux et les succès de l'avocat, — avant toute chose, — ce à quoi nous devons rendre hommage, c'est à l'exquise bonté dont tous nous avons reçu des témoignages ; dont tous, tant que nous sommes, nous avons éprouvé les effets, bonté qui fut, au regard du monde, le trait caractéristique de son existence, au palais, la note particulière de sa carrière ; bonté qui ne s'est jamais démentie, et que proclament, mieux que toute éloquence, les émotions de douleur véritable que son mal et sa mort ont soulevées parmi nous.

Tout le monde le regrette, parce que tout le monde l'aimait ; avec des avantages plus brillants, il avait des qualités aimables qui répandent le charme parmi ceux qui vous environnent ; il attirait l'amitié, et ceux-là mêmes qui ne le voyaient qu'en passant, le quittaient charmés de l'accueil de cette physionomie ouverte sur laquelle sa cordiale bonhomie s'alliait à une franche et inaltérable gaité.

Havart a occupé au barreau d'Amiens la première place ; il a épuisé les honneurs que notre Ordre peut décerner, il a vu l'avenir riant éclairé dans ses plus lointains horizons ; il avait la santé : il avait la confiance qu'inspire la réussite acquise par de patients efforts, par de progressifs succès ; en un instant, la vision heureuse, qu'il évoquait surtout pour le bonheur des siens, s'est évanouie.

Tout a passé comme un rêve ; un vent funeste a soufflé

qui a flétri la fleur avant même d'avoir épuisé la tige ; ce corps robuste s'est plié, épreuve terrible d'un esprit qui commande à la matière qui n'obéit plus.

Mais je parle d'hier seulement, et tous, vous avez connu votre ancien bâtonnier à l'apogée de sa carrière; ce sont donc nos communs souvenirs que je vais rappeler, comme un hommage à sa mémoire, comme un exemple pour notre Ordre.

Pourquoi faut-il que ces éloges, que nous eussions tant aimé à lui adresser à lui-même, comme nous avons eu l'occasion, le bonheur de les adresser à d'autres, se confondent en ce triste moment avec des regrets d'autant plus cuisants que celui dont je vais évoquer l'image était plus digne de les mériter?

Havart est né en 1831 ; il a fait ses classes au Lycée d'Amiens, et obtenu son diplôme de bachelier en 1850. Son père était greffier à la Cour ; de fortune modeste, le bachelier fut immédiatement placé dans une étude d'avoué au Tribunal.

Il entra chez Me Bouthemart, où il resta cinq ans ; de là, il passa chez Me Machart, avoué à la Cour, dont l'étude était la première, dont le titulaire était à la hauteur de la charge.

Il y travaillait sans relâche ; mais la fréquentation du Palais avait développé en lui une irrésistible vocation ; dans ses moments de loisirs, il fit son droit à Amiens, passa ses premiers examens, et, dans la joie de ces premiers succès, il obtint de son père d'aller terminer à Paris ses études juridiques.

Après avoir conquis son diplôme de licencié en droit en octobre 1856, HAVART prêta serment et fut admis au stage le 3 décembre suivant.

Le barreau d'Amiens comptait alors à son tableau 27 avocats, 16 stagiaires ; HAVART fut porté le 17e.

Donc, 43 confrères le précédaient, et parmi eux : Deberly père, Creton, Girardin, Malot, Petit, Dauphin, Goblet, Daussy, Obry, les deux Dubois.

Voilà les maîtres à côté desquels il fallait s'élever, à côté desquels il fallait gagner une place à la barre !

Jamais, dans nos annales, époque n'avait réuni une élite aussi nombreuse, une pléiade aussi brillante !

Ce n'était pas seulement le talent de chacun qui mettait l'ensemble hors de pair; la diversité des tempéraments, des aptitudes, des caractères permettait alors au barreau d'Amiens d'affronter toutes les luttes.

Orateurs politiques, littérateurs, défenseurs au criminel, hommes d'affaires, ses avocats suffisaient à toutes les tâches; ils ont d'ailleurs connu tous les honneurs, ils ont épuisé tous les succès.

HAVART n'avait pas reculé devant pareille entreprise; ce n'était pas la vaine témérité d'un esprit irréfléchi, ni la présomptueuse confiance en des qualités personnelles exagérées. L'éclat que jetaient alors les élus de notre Ordre l'attirait; il s'engagea sur leurs traces; une voix lui a prédit la récompense après l'effort, et cet effort il l'a fourni en homme résolu à surmonter l'obstacle.

En 1861, il eut l'insigne fortune d'entrer dans le cabinet de Me Daussy ; si la nature ne lui avait donné tant d'avantages pour sa profession, il les aurait trouvés dans l'éducation qu'allait lui procurer une telle collaboration; un autre à mes côtés vous eût retracé mieux que moi « ce qu'était ce patronage actif et vigilant, cette contagion du mouvement et de la vie qui, peu à peu, par » l'entraînement, l'émulation et l'exemple, savait forcer » à vaincre en le jetant au plus fort de la mêlée, le soldat novice qu'effrayait le bruit du combat (1) » : dès lors, l'avenir était assuré, ce n'était plus qu'une question de temps.

Le temps fut long, mais peu d'avocats ont eu, autant qu'HAVART, à combattre les difficultés de la concurrence professionnelle.

C'est un des stimulants pour l'incessant travail que chaque jour ramène devant l'avocat ; c'est une des consolations de sa carrière, que cette stabilité des résultats obtenus, cette continuité dans les courants de confiance qui s'établissent vers ceux qui ont su les détourner à leur

(1) Me Rousse, sur la tombe de Chaix d'Est-Ange.

profit ; mais, pour le débutant, quelle cause d'incertitude, quelle source de découragement que ces longues attentes ! Quelle trempe de caractère ne faut-il pas pour persévérer vers un but si éloigné, vers une récompense si lointaine à cueillir !

Havart ne s'est jamais découragé ; peu à peu, il a élargi son cercle, et, quand la mort, qui frappe si vite, quand les honneurs décernés à notre élite ont éclairci les rangs, Havart était prêt à figurer à la première place ; il y est monté sans effort, comme par l'évolution un arbre arrive au temps de porter ses fruits.

Aux élections d'août 1876, il était nommé membre du Conseil de l'Ordre.

Le 10 août 1880, il était proclamé Bâtonnier.

Enfin, il était appelé à prendre place comme juge-suppléant parmi les membres du tribunal d'Amiens, témoignage de confiance réservé autant à l'estime qui s'attache à la personne, qu'à la hauteur du talent.

A partir de 1878, le cabinet d'Havart avait pris un développement complet ; à partir de 1879, il fut mêlé à toutes les affaires, et pour lui, ce n'était pas peu dire.

Il lui fallait paraître aux deux chambres de la Cour, du Tribunal civil, au Tribunal de Commerce, au Conseil de Préfecture, et, à chaque instant, devant les tribunaux d'arrondissement ; — alors, de ces audiences multiples, de ces indications enchevêtrées, résultaient des préoccupations absorbantes, des fatigues corporelles, des excès de travail auxquels sa robuste nature n'a même pas pu résister ; son corps s'est usé des succès de son esprit.

Le succès, il le méritait bien ; le travail l'avait façonné et en avait fait un avocat accompli ; son stage de clerc d'avoué, sa collaboration dans un des cabinets les plus renommés que la province ait connus, l'avaient formé en tous points.

Homme de bon conseil, familier avec la procédure, c'était un guide sûr, un défenseur conciliant.

Ceux qui avaient une douleur à épancher, un secret important à confier, pouvaient le verser hardiment dans ce cœur généreux ; l'affaire devenait sienne par la confiance, il y appliquait toutes les ressources d'un esprit délié, d'une pratique consommée.

Vous le revoyez à la barre, avec sa physionomie ouverte, ce port paisible, cette confiance qui, chez lui, paraissait naturelle ; vous entendez encore cette voix franche et timbrée ; vous suivez ce débit facile, cette élocution claire et attachante.

La plaidoirie procédait d'une méthode fort simple, appropriée à la nature de ses facultés, et dont il tirait, en des causes diverses, des résultats excellents.

Le but de nos efforts est d'éclairer et de convaincre le juge ; d'où, dans la composition oratoire, une part pour l'exposé, une part pour la discussion : chacun, suivant sa

de notre Ordre qui sortait de sa bouche et nous reliait à un glorieux passé.

Esprit gai, cœur sensible, caractère facile, c'est cette facilité même qui l'a précipité vers sa fin.

Au Palais, HAVART n'a jamais séparé les relations d'affaires des rapports de camaraderie avec ceux qui s'en occupent ; au faîte de sa carrière, il n'a jamais oublié ni délaissé ceux qui l'avaient aidé à y parvenir.

Avocat des grandes affaires, il était resté accessible aux petites, par bonté, par humanité.

Il ne savait pas refuser un dossier présenté avec un appel à l'amitié, sous l'apparence d'un service à rendre.

Et c'est ainsi qu'il a usé sa vie par dévouement, — jamais l'idée du lucre n'obséda son esprit, il faut le proclamer ! personne plus que lui n'a été l'avocat désintéressé.

Il a compris tous nos devoirs : sa conscience les lui a fait pratiquer, son cœur les lui a parfois exagérés.

En mai 1887, dans une affaire capitale, un crime odieux, le président des assises désigna d'office le bâtonnier pour assister l'accusé ; ce bâtonnier était HAVART.

Malgré des efforts que le succès avait tant de fois couronnés, le jury fut impitoyable.

HAVART courut à Paris implorer la puissance du chef de l'État ; cette main toujours ouverte pour la grâce resta fermée cette fois, fatalité ! la justice dut suivre son cours.

Le matin du jour suprême, HAVART était auprès du patient, sa chaude bonté cherchant à tromper ses derniers instants ; sur un vœu de ce misérable, sous l'entraînement d'une pitié irrésistible, le voilà qui entreprend de parcourir lui aussi cet horrible calvaire dont le terme était l'échafaud et il alla soutenir jusqu'au bout l'homme dont il n'avait pu sauver la tête.

On peut se figurer ce qui s'est passé dans l'esprit d'HAVART pendant un pareil trajet, et l'angoisse terrible qui a tordu les entrailles de cet homme sensible et bon. Mais qui appréciera jamais assez la grandeur d'un pareil sacrifice, et surtout qui oserait me blâmer de l'en admirer en ce jour ?

Arrière les hommes sans humanité ! Leur place n'est pas auprès de ce cercueil, car celui à qui nous rendons hommage est tombé sur le champ du sacrifice, fidèle à la devise du barreau : *Travail et dévouement*.

Le lendemain de l'exécution de Gaussuin, il n'était pas difficile de voir le changement qui s'était opéré en la personne d'HAVART ; le coup était porté.

Tous, nous faisions des vœux pour le rétablissement de sa santé, pour qu'il pût trouver sur un plus haut siège le couronnement de sa carrière, la récompense que nous lui avions décernée nous-même, en le nommant une deuxième fois bâtonnier.

Le sort ne l'a pas voulu !

Il y a 18 mois, réunis autour de la tombe d'un des plus brillants d'entre nous, moissonné en pleine sève, en plein succès, je pourrais dire en plein triomphe, HAVART lui adressait le dernier adieu :

En terminant, il lui disait :

« Pour tout le bien qu'il distribuait autour de lui,
» Deberly ne demandait comme récompense que le bon-
» heur qu'il rencontrait au sein de sa propre famille. Il
» était si heureux de se retrouver après le labeur accom-
» pli avec cette épouse affectionnée qui lui a donné tant
» de preuves d'un attachement absolu et dans ces der-
» niers temps s'était installée à son chevet pour lui pro-
» diguer des soins avec une abnégation complète !

» Il était si heureux de revoir et d'embrasser ses
» chers enfants qu'il adorait et qui perdent en lui le meil-
» leur des pères ! »

Que ces paroles prononcées par HAVART s'appliquent bien à HAVART lui-même !

Il était digne de célébrer les joies du foyer, il les avait comprises, il les avait goûtées; sous ce rapport la destinée ne lui avait rien refusé.

Mais ce suprême hommage que nous rendons à notre ancien bâtonnier ne doit pas se perdre en de stériles regrets. La mort d'HAVART doit élever nos vues vers de plus hauts sujets; dégageons-en l'exemple.

Fils de ses œuvres, HAVART, par une vie de travail, de probité, était arrivé à la situation la plus haute qu'un avocat puisse envier; il s'était acquis toute notre estime, il s'était attiré la considération publique, il l'avait assurée aux siens.

Il a montré ce que peuvent, dans quelque condition qu'on soit placé à l'origine, l'activité, l'intelligence unies à la force de volonté.

Jeunes confrères, comparez la situation du stagiaire de 1856 avec celle de votre bâtonnier d'hier; voyez autour de vous ceux qui lui font cortège et, si vous cherchez à lui ressembler, prenez confiance; c'est ainsi qu'on honore ses morts.

Cher confrère! tu ne respires plus autour de nous, mais ton esprit restera à jamais en nous, ton nom est inscrit dans nos fastes, ton souvenir gravé dans nos mémoires, souvenir sans mélange, souvenir enviable entre tous.

Car nul, si fameux qu'il se croie, n'a le droit de se dire au-dessus d'un homme comme celui-là, qui a travaillé, qui a lutté, qui a souffert aussi, car il a connu des épreuves que je ne veux pas retracer, mais qui a été vaillant, utile et bon.

Si la droiture et l'honnêteté peuvent conduire au même

sort et mériter la même récompense, moi qui t'ai succédé à cette place, j'envie la tienne et voudrais la devoir à ton exemple.

CHER HAVART,

Comme tu le faisais hier pour Deberly, je ne te dis pas adieu mais au revoir.

Qui peut dire si nous ne te retrouverons pas demain ?

La foule s'est retirée profondément impressionnée par ce remarquable discours, qui retraçait, d'une façon si exacte, le caractère et la vie si laborieuse du regetté Me HAVART.

Le lendemain 11 janvier, l'inhumation avait lieu à Boulogne-la-Grasse, commune du département de l'Oise, située à quelques kilomètres de Montdidier où M. HAVART possédait une propriété de famille considérablement agrandie et embellie par lui dans les derniers temps. M. HAVART était maire de cette commune depuis plusieurs années.

Le deuil était conduit par M. Oct. Thorel, juge au Tribunal civil d'Amiens et ami intime de notre regretté concitoyen. Derrière lui venait M. Grenier, procureur de la République ; Pouriau, vice-président du Tribunal civil d'Amiens ; M. Dumay, juge au Tribunal civil ; puis le Conseil de l'Ordre des Avocats et la plupart des membres du barreau d'Amiens conduits par leur bâtonnier. Parmi l'assistance on remarquait également M. Lagache, ancien sénateur, M. de Ségonzac, et un grand nombre de notabilités du canton. Les cordons du poêle étaient tenus par M. Pouriau, Me Lorgnier, avocat, ancien bâtonnier, et deux représentants de l'administration municipale de la commune.

M. le Marquis de Thuisy, conseiller général de l'Oise, s'était excusé de ne pouvoir assister à la cérémonie.

Après le service solennel qui a été célébré dans l'église de la commune, le cortège s'est dirigé vers le cimetière où Me Gustave Dubois, dans une chaleureuse et touchante improvisation a adressé le dernier adieu à son ancien et regretté confrère.

DISCOURS

Prononcé par Me Dubois, avocat, ancien bâtonnier,

Hier, au milieu du deuil du Palais et d'une notable partie de la cité d'Amiens, le Chef de notre Ordre a rendu à notre très regretté confrère Alfred HAVART un hommage digne de ses vertus professionelles.

Après notre bâtonnier, il semble n'y avoir plus rien à dire ; cependant, Messieurs, si je parle après lui, ne m'accusez pas de témérité, ce n'est point un discours que je prononce ici. L'amitié qui m'unissait au Confrère disparu, mon ancienneté au Barreau couvriront sans doute de leur privilège quelques paroles d'adieu; vous tous, d'ailleurs, qui l'aimiez puisque vous le connaissiez, n'éprouverez-vous pas une sorte de satisfaction en entendant se prolonger ici l'écho des regrets qui emplissent nos cœurs ?

Je suis le plus vieux témoin d'HAVART au Barreau d'Amiens.

En entrant au Palais-de-Justice, il y a de cela bien longtemps, je voyais la figure sereine, la physionomie bienveillante, le regard attirant du greffier de la 2e chambre de la Cour; c'était M. HAVART père ; comme il nous écoutait, nous les jeunes d'alors ! Quel auditeur encourageant à côté des magistrats qui allaient nous juger ! C'est qu'il avait un fils qui, dans les travaux de la procédure, acquérait silencieusement les connaissances dont plus tard notre Confrère devait faire une si utile application ; mais alors la vocation d'HAVART ne s'était pas encore complètement révélée, et j'entends au sortir de l'audience où avaient plaidé mes contemporains le greffier s'exclamer : « Ah ! si mon fils pouvait un jour plaider ainsi ! » Les vœux du père ont été exaucés, et quelques années ensuite il lui a été donné de goûter sur son siège de greffier l'harmonie la plus caressante pour les oreilles paternelles, la voix d'un fils essayant avec bonheur ses premiers accents dans l'enceinte de la Justice.

Au correctionnel, aux assises, ce qui excitait tout d'abord un singulier intérêt dont bénéficiait la cause du jeune avocat, c'était une sensibilité contenue qui se dénonçait par un léger tremblement de son organe et gouvernait toutes les phases de son argumentation ; on sentait que la plaidoirie avait traversé le cœur avant de monter aux lèvres d'où elle répandait dans l'esprit du Juge de contagieuses sympathies.

Au civil, dès les commencements, il puisait la fermeté de sa parole dans la conscience du travail préparatoire auquel il s'était astreint.

Avocat, combien profonde en lui l'entente des devoirs du patronage ! avec quel soin jaloux il protège ceux pour qui il parle ! il est à eux. Comme il les défend, je dirais presque, comme il les aime ! Avec quelle chaleur d'âme il repousse les attaques dirigées contre l'honneur plus encore que contre la bourse de ses clients.

Nature dévouée, une des ressources de son art c'est la bonté communicative et sa première habileté pour émouvoir autrui est d'être ému lui-même.

Richesses de l'esprit, richesses du cœur chez lui étaient à l'unisson.

Comme il était heureux et fier de sa famille du Barreau au sein de laquelle il grandissait sous la protection des premiers parmi les anciens!

Il entra au Conseil de l'Ordre, puis devint deux fois notre Chef.

Une efficace consolation pour les survivants de l'amitié est de pouvoir se rendre ce témoignage intime et public d'avoir été équitable envers celui dont ils déplorent la disparition; ainsi à de trop légitimes regrets ne viennent point s'ajouter des remords tardifs; Messieurs, nous avons été équitables, nous avons été justes envers Havart, il a honoré le Barreau d'Amiens, et le Barreau d'Amiens l'a honoré.

Sa bonne renommée professionnelle le destinait à recevoir, en dehors du Palais, des marques de la considération publique; il ne vit en elle que les moyens d'étendre sous diverses formes le patronage que l'avocat digne de son titre se plaît à exercer en faveur des faibles et des déshérités de la fortune; pendant de longues années il aida et fortifia de sa collaboration l'un des établissements les plus utiles à l'instruction populaire; il y rencontrait des auxiliaires dont les noms sont sur bien des lèvres, et qui, eux aussi, laissaient momentanément leur robe de magistrat ou d'avocat pour se constituer les premiers éducateurs de la jeunesse ouvrière ; la législation nouvelle sur l'enseignement obligatoire a emporté l'École Mutuelle ; elle n'a point fait disparaître une autre institution essentiellement moralisatrice de l'ouvrier adulte ou de l'enfant, la Caisse d'épargne.

Le concours d'HAVART à l'administration d'une bourse alimentée par l'ouvrier qu'elle alimente à son tour ne pouvait être inutilement sollicité ; sans compter avec d'autres forces que celles de son dévouement au bien, il devint promptement l'un des directeurs de la Caisse d'épargne d'Amiens ; son rapport du mois d'août 1886 respire la généreuse satisfaction qu'il éprouve en constatant les progrès de l'établissement de prévoyance auquel il apportait le tribut de ses lumières.

Un administrateur aussi désintéressé, aussi compétent, ne pouvait faire défaut à la commune à laquelle le rattachaient les relations, les affections de la famille ; c'est ici, à Boulogne-la-Grasse, dans un manoir agrandi, orné par les profits du travail, qu'HAVART venait se reposer des fatigues de sa profession.

Beaucoup de ceux qui m'écoutent eurent recours à son officieuse consultation et la commune entière réclama l'assistance d'HAVART dans le service de ses intérêts ; ce qu'il fit au milieu de vous, habitants de Boulogne-la-Grasse, vous le savez, votre sentiment intime vous dit toutes les qualités qui faisaient du maire de votre commune l'administrateur le plus utile, le plus aimant.

Tous ceux qui ont connu HAVART, suivant la tendance de leur propre nature, peuvent attacher leurs préférences à tel ou tel de ses mérites; il est un trait de sa personne en lequel les autres viennent se réunir sans s'absorber ; c'est cette bonté inaltérable puisant en elle-même une force d'expansion qui lui ouvrait tous les cœurs.

De ces mérites, de cette bonté nous n'éprouverons plus les effets, nous n'en aurons plus désormais que le souvenir.

Le souvenir ! c'est par lui que continuent de vivre au milieu de nous les êtres arrachés à notre affection.

Le souvenir ! c'est la vie d'outre-tombe pour les cœurs d'élite, pour les âmes généreuses qui ont traversé le monde en y répandant l'influence de leurs vertus.

Ce souvenir, la foi religieuse l'épure en le vivifiant, elle l'idéalise et le sanctifie.

HAVART vivra dans le souvenir de tous ceux qui l'ont connu, c'est-à-dire de tous ceux qui l'ont aimé.

Puis M. l'Adjoint de la commune en quelques mots simples et émus, a témoigné les regrets que laissait dans Boulogne-la-Grasse le maire si aimé et si respecté, qui ne comptait dans ses administrés que des obligés et des amis.

DISCOURS

Prononcé par M. Foucart,

Né à Amiens, M. Havart choisit Boulogne pour son pays adoptif. Il s'était rappelé que notre commune était le berceau de sa famille; c'est pourquoi il voulut être des nôtres. Aussi, par reconnaissance, les habitants de Boulogne lui ont donné une place au Conseil municipal, et bientôt après il a été élevé aux fonctions de Maire. Mais la mort vient de le frapper, de l'enlever à sa famille et à la commune, détruisant ainsi bien des espérances.

Il y a un an, M. Havart, au nom du Conseil municipal, ici à côté, vous faisiez l'éloge de M. Floury sur la tombe qui allait recevoir sa dépouille mortelle. Les louanges que vous donniez à cet ancien maire, nous vous les redisons : bon, doux, affable aux grands et aux petits, sans l'orgueil qui déplaît toujours, respectueux du droit d'autrui, dans tous les postes que vous avez occupés, telle fut votre vie, parce que vous aviez des principes certains. Vous avez été l'ami de tous. Aussi la nouvelle de votre mort nous a-t-elle douloureusement impressionnés, car terrible est la mort, terribles sont ses enseignements.

En ce moment recevez, M. Havart, les regrets du Conseil municipal qui m'entoure et ceux de toute la commune.

M. Havart adieu !

L'assistance s'est retirée, après ces dernières paroles, profondément émue, emportant un pieux souvenir de celui qui fut toute sa vie un homme simple, modeste et dévoué.

AMIENS. — TYP. DELATTRE-LENOEL.

www.ingramcontent.com/pod-product-compliance
Ingram Content Group UK Ltd.
Pitfield, Milton Keynes, MK11 3LW, UK
UKHW020226180726
13838UKWH00005B/2206

9 782329 437644